Die Macht der Gedanken

und

Das Geheimnis des geistigen Erfolgs

Friedrich Schwab

Verlag Heliakon

Verlag Heliakon

Umschlaggestaltung: Verlag Heliakon

Druck und Vertrieb: BoD - Books on Demand, Norderstedt

www.verlag-heliakon.de
info@verlag-heliakon.de

ISBN 978-3-949496-44-8

Die Deutsche Nationalbibliothek verzeichnet diese Publika-tion in der Deutschen Nationalbibliografie; detaillierte bi-bliografische Daten sind im Internet über dnb.de abrufbar.

Inhaltsverzeichnis

Die Macht der Gedanken 5

Das Geheimnis des geistigen Erfolgs 27

Die Macht der Gedanken

In allen Religionssystemen und Schriften der Weltweisen wird dem Menschen der Weg angedeutet, wie er sich dem Endziel seiner seelischen Entwicklung nähern und es verwirklichen kann, und stimmen dieselben alle darin überein, dass dies durch Erhebung aus dem Vergänglichen in das Ewige, durch Entfaltung und Erweckung des göttlichen unsterblichen Teils in ihm geschehe. Dies ist und war immer die Quintessenz aller Religionen und wurde zu allen Zeiten gelehrt. Aber es gab und es gibt immer auch Menschen, die die Form, in der dies gelehrt wird, mehr Verehren als die Wahrheit selber. Solche Streiter hängen und kleben an einer bestimmten Form und halten alle diejenigen, die eine andere Form sich zur Richtschnur wählen, für Unbekehrte oder gar Verlorene, Abtrünnige, usw.

Wer indes sich darüber streitet, welche Form wohl die richtige sei, der vergisst und verliert die Wahrheit immer mehr und macht sich ihrer unwürdig. Formen müssen wechseln, entsprechend der Änderung des Charakters eines Volkes. Formen müssen sich dem bestimmten Entwicklungsgrade einer Rasse anpassen. Früher konnte das Ziel der menschlichen Entwicklung nicht in der Weise beschrieben werden, wie dies heute erforderlich ist, und es wird eine Zeit kommen, wo es in wieder anderer Form erscheinen wird; die Form ist eben nicht zu verwechseln mit der Wahrheit selbst, die durch sie zum Ausdruck kommen soll. Die absolute Wahrheit selbst kann nie gelehrt werden, weil sie der Mensch immer von einem Standpunkte aus betrachten muss, solange er von ihr spricht oder über sie schreibt.

Deshalb hat keine Religion Anspruch darauf, die einzig richtige zu sein und die Menschen, die ihr nicht angehören als Heiden zu erklären. Die absolute Wahrheit kann nur empfunden werden, durch sich selbst, sie ist formlos! Und alle Lehren haben nur den Zweck, zu diesem Ziele zu führen. Niemand kann deshalb zur Wahrheits- oder Gotteserkenntnis kommen als durch Gott im Menschen, welcher von St. Paulus *der Christus in uns* genannt wird und von den Indern Ishwara, von den Bramanen Brahma; und dieser Christus in uns sagt in der Symbolik der Bibel: »Ich bin der Weg, die Wahrheit und das Leben, niemand kommt zum Vater, denn durch mich.« Und in der Bhagavad Gita, der Bibel der Inder spricht Krishna, der Gottesfunken im Menschenherzen »Unter denen, die die Wahrheit suchen, sind wenige, die erkennen, dass ich die Wahrheit bin.«

Die Lehren über den geistigen Fortschritt des Menschen umfassen ein sehr großes Gebiet. Ein wichtiges Studium ist dasjenige von der Natur und Macht der Gedanken, das besonders für unser jetziges Zeitalter passt und unserer Nation sehr nottut. — Hiermit wollen wir uns in diesem Heftchen etwas beschäftigen. Religion kann von nun an nicht mehr ohne Trainierung der Gedanken betrieben werden.

Der Materialismus unserer Zeit hat den Menschen in eine Gedanken-Sackgasse getrieben aus der er nur schwer herauskommt. So ist es denn von großer Bedeutung, dass wir erkennen, dass Gedanken eine schöpferische Kraft besitzen, dass das ganze Leben sich nach unsern Gedanken gestaltet, unser Zustand eine Folge unserer Gedanken ist, die wir früher, und bisher gehegt haben.

Ja, unser ganzes Dasein, wir selbst sind nichts anderes als das Produkt unserer Gedanken. Aber die Gedanken entspringen aus der Weltanschauung, also bestimmt die Weltanschauung des Menschen sein ganzes Leben und seine körperliche und geistige Sufriedenheit.

Die Gedankenkraft ist die mächtigste Kraft, die ein Mensch besitzen kann, meistens aber ist es umgekehrt, da besitzen die Gedanken den Menschen und er ist der Spielball derselben. Ja, dem Menschen erscheint es gar nicht einmal wünschenswert, dass er seine Gedanken in seiner Gewalt hat.

Er lässt sich von ihnen, wie sie gerade kommen und gehen, träumerisch umherschaukeln. Aber dadurch muss er gewärtig sein, dass sich zu jeder Zeit auch Unangenehmes in sein Gemüt einschleichen kann, und dies nennt man im Allgemeinen: das Leid und die Plage dieser Welt.

Aber mancher würde und könnte sich aus der alltäglichen Duselei, aus dem monotonen Wechsel von Freud und Leid zu einem höheren Dasein emporraffen, wenn er wüsste, dass man seine Gedanken regulieren lernen kann. Es ist nämlich die allgemeine Ansicht verbreitet, das Denkprinzip sei das eigentliche Wesen des Menschen. Dies ist aber nicht der Fall. Der wahre Mensch steht über der Denktätigkeit und braucht nicht in den kommenden und wieder verschwindenden Vorstellungsbildern auszugehen. Wer dies bewiesen haben will, der muss sich zu seinem wahren Wesen erheben, wo alle Denktätigkeit aufhört. Das wahre Wesen des Menschen ist unveränderlicher, göttlicher Natur und steht über den Schwankungen des Gedankenlebens. Es ist, wie Goethe sagt: »Der ruhende Pol in der Erscheinungen Flucht.« Es ist der *Meister* im Menschen und wer sich mit ihm vereinigt, der nimmt an dessen göttlicher Glorie und Ruhe teil.

Das Gedankenleben des Menschen ist schwankend. Er kann nicht immer denken was er will, sondern er denkt, was er muss. Ja, die meisten Gedanken kommen gar nicht von ihm selbst, sondern sind Gedanken seiner Umgebung. Gedanken sind nämlich Dinge. Sie werden übertragen, sie gehen von einem zum andern. Dies beweist auch die Telepathie oder Wissenschaft von der Gedankenübertragung, wovon sich jeder durch sich selbst überzeugen kann, der nach einem experimentellen

Beweis trachtet. Aber diese Gedankenübertragung geschieht auch fortwährend unbewusst. Legionen von Gedanken und Vorstellungen tauchen im Gemüte des Menschen fortwährend auf, die meistenteils nur durchziehende fremde Gäste sind. So ist jede Familie, jede Stadt, von ihrer eigenen Gedankenatmosphäre umwoben, deren Einfluss jedes einzelne Mitglied mehr oder weniger unterworfen ist.

Um aber geistig fortzuschreiten, ist vor allen Dingen nötig, selbstständig denken, seine Gedanken beherrschen und leiten zu können, seine eigenen Ideen von fremdem Beiwerk unterscheiden zu lernen, ja überhaupt eigene Ideen zu haben. Dadurch wird das erreicht, was man Selbstkontrolle nennt.

Das Ziel, das jedem einzelnen Menschen gesteckt ist, und dessen Erlangung jedermann offen steht, ja zu dessen Verwirklichung er durch das Entwicklungsgesetz gezwungen wird, dieses Ziel ist das Bewusstwerden seiner eigenen göttlichen Sohnschaft, wodurch er der höheren Erkenntnisse und göttlichen Kräfte teilhaftig und unsterblich wird. Um aber dieses Ziel zu erlangen, ist es nötig, dass der Mensch zuerst die Selbstkontrolle erlernt, dass er die niederen Kräfte in sich den höheren unterstellt. Körperkräfte werden durch die Triebe und Empfindungen beherrscht, Triebe und Leidenschaften werden durch die Gedankenmacht beherrscht, aber die Gedanken selbst können wiederum durch die geistig göttliche Willenskraft beherrscht werden, wenn sie in einem Menschen erweckt ist. Wir sehen also, je höherer und feinerer Art die Kräfte im Menschen sind, desto gewaltiger und mächtiger sind sie. Es ist gerade umgekehrt, als wie man gewöhnlich glaubt. Materielle Kräfte sowohl im Menschen als auch in der Natur sind keine wirklichen, selbstexistierenden Kräfte, sondern nur die Folge von geistigen und werden von denselben beherrscht.

So ist die mächtigste Kraft im Menschen diejenige, die über seinen Gedanken steht und durch die er sein ganzes Wesen kontrollieren kann. Wer aber seine Gedanken beherrschen und leiten gelernt hat, der hat dadurch alle anderen Kräfte in seiner Gewalt, kann auf den Körper einwirken, ihn gestalten oder umgestalten, Krankheit, Unglück Schmerz, überhaupt alle irdische Last und Plackerei überwinden, denn die Gedanken haben eine suggestive Macht. Wer aber die Gedankenmacht vollkommen in seiner band hätte, den würde dies sofort zum Meister der Naturgewalten machen. Ein solcher ist eine Möglichkeit und wurde zu verschiedenen Zeiten mit verschiedenen Namen benannt. Ein solcher beherrscht die ganze Natur, er ist ein Heiliger, ein Adept.

Am diese höheren Seelenkräfte zu erlangen, muss sich der Mensch vorerst in seinem Denken selbstständig machen. Er muss auf eigenen Füßen stehen, er muss für sich nach einer klaren, befriedigenden Weltanschauung suchen, nach der er seine Gedanken richten kann. Deshalb ist das Trachten nach eigener Klarheit und Wahrheit sehr zu empfehlen. Die Wahrheit darf nicht gefürchtet werden, man muss ihr folgen, sollte sie einem auch unangenehm sein, man muss ihr folgen wenn sie auch von den obligatorischen oder sektiererischen Richtungen, die in der Welt herrschen, abzweigt.

Man muss ihr folgen, wenn sie auch als zur Hölle führend bezeichnet wird; aber wenn man die Wahrheit liebt, wird sie einen freimachen und man kann nicht irregehen. Diese Freiheit ist die Erlösung des Menschen, die ästige Selbstbeherrschung, wodurch er sich von seinen eigenen Fesseln der Leidenschaft und Nichterkenntnis befreit; andere Feinde hat er nicht.

Diese Selbstbeherrschung wird dem Menschen leichter gelingen, wenn er die Natur und Eigenschaft der Gedanken kennenlernt. Gedanken sind eben wirklich existierende Kräfte in der geistigen, unsichtbaren Welt.

So wie ein Ton der Luft Schallwellen erzeugt, so erzeugt das Denker Gedankenwellen. Sind diese stark genug, dann werden sie zur Tat.

Also Taten entspringen aus Gedanken. Wer sich eine üble Gewohnheit oder Leidenschaft abgewöhnen will, der muss vor allen Dingen seine Gedanken daran verhindern, über diesen Gegenstand herzufallen; denn dadurch, dass er immer an den Gegenstand seines Verlangens denkt, stärkt und ernährt er Elemente in sich, die dann schließlich so stark werden, dass sie ihn überwältigen.

Hängt der Mensch einer bestimmten Gedankenrichtung nach, so wird er schließlich von seiner selbst geschaffenen Gedankenmacht überwältigt und zur Verwirklichung gezwungen. Die Gedanken sind das Wesentliche, und wenn sie stark genug sind, dann werden sie sich verkörpern. Wer die Gedanken nicht beherrschen lernt, der lernt noch viel weniger die Tat beherrschen.

Die Tat ist dann vielleicht nicht einmal seine Absicht gewesen, sondern war nur ein unvermeidliches Resultat. Mancher Mörder und Verbrecher hat nicht die Absicht zu morden und zu stehlen, aber er hegt Mord- und Verbrechergedanken. Aber diese Gedanken bleiben, sammeln sich an und wirken auf ihn und andere ein. Wird nun ein solcher Gedankenstrom durch gleiche oder ähnliche Gedanken immer wieder genährt, so wird er stärker, bis er schließlich stärker wird, als sein Erzeuger, aber in demselben Momente, in dem er die Übermacht gewinnt, zwingt er seinen Erzeuger zur Tat. Dieser Vorgang ist zu vergleichen mit einem Bassin, in das ein kleines Bächlein fließt. Ist der Behälter voll, dann läuft er über.

Der Gedankenstrom des Menschen fließt nicht umsonst. Die Energie sammelt sich an und sucht sich zu verwirklichen. Da ist dann kein Ausweg mehr, der Betreffende wird von seinen eigenen Gedanken hypnotisiert, verliert die klare Vernunft und begebt die Tat. Dies erklärt auch die Tatsache, dass viele Verbrecher, die einen Mord begangen hatten, behaupten, sie hätten eine solche

Tat nie ausführen wollen, hätten sich aber nicht mehr zurückhalten und beherrschen können und sie bereuen ihre Tat sehr.

Es gibt sogar auch Menschen, deren Gemüt empfänglich ist für Mordgedanken anderer. Sie ziehen solche Gedanken an, werden von ihnen beherrscht und sie verfallen dann der sogenannten Mordmanie oder der Lust zum Morden, ohne Ursache, eine Tatsache, die der Wissenschaft gänzlich unerklärlich ist. Man liest hie und da Berichte von ganz harmlosen Individuen die in kurzer Zeit eine große Anzahl Menschen ums Leben gebracht haben. In diese Kategorie gehören auch diejenigen, die aus Gewohnheit stehlen, sowie die sogenannten Giftmischer und Besessenen.

Die spiritistische Mediumschaft kann unter Umständen einen Menschen auf eine solche Stufe bringen, weil er sich selbst Einflüssen von außen preisgibt. Es wird sogar von manchen Spiritisten behauptet, Mordmanie und Wahnsinn sei eine verkehrte Art Mediumschaft. Dies mag richtig sein, insofern man jeden Menschen, in dem Kräfte zum Ausdruck kommen, die er nicht selbst beherrscht, ein Medium nennen kann. Eine Beherrschung des menschlichen Handelns durch Gedankenkräfte ist bei allen Taten der Fall, seien sie nun gut oder böse. Der Gedanke ist die Ursache und die Tat die Folge. Und wenn schließlich eine Tat verhindert wurde, so ist es für den, der sie vollbringen wollte, gerade so, als hätte er sie durchgeführt. Er wird sie dann ein andermal vollbringen, falls inzwischen nicht andere stärkere und anderes schwingende Gedanken dazwischen treten. Hier herrscht nämlich wie überall das Gesetz der periodischen Wiederkehr, der Rhythmus. Starke Gedanken kommen zu bestimmten Perioden aus einem Schlummerzustand hervor und machen sich wieder geltend.

Gedanken sind wirkliche Wesen, bestehend auns der denkbar feinsten subtilsten Materie. Diese streben, in Form einer Tat geboren zu werden. Ist die Tat vollbracht, so kehrt der Gedanke zurück zu seinem Erzeuger, bereichert durch Erfahrung, um dann modifiziert wiederum nach der Tat zu drängen. Also aus einer Tat entspringt eine andere, die Gedanken verkörpern sich wieder. Wir sehen, die Gesetze des Weltalls sind überall gleich, treten in allen Dingen in Kraft.

So ist also auch das Gesetz der Wiederverkörperung allgemein und hat überall seine Analogien. Es ist nicht nur für Universen, Weltkörper, Menschen, Atome, sondern auch für die Gedanken anwendbar. Eine Idee taucht in der Gedankenwelt eines Menschen auf. Wird sie vom Willen beseelt und bat sie genügend Stärke erlangt, dann wird sie sich verkörpern, d. h. sie wird zur Tat, sei sie nun teuflisch, menschlich oder göttlich. Die Tat nimmt ein Ende, aber die Idee bleibt und bringt wieder eine neue Tat ins Dasein. So ist auch jedes Geschöpf ein Gedanke der Allseele. Es wird auf Erden verkörpert als Tier, Mensch oder als ein Gottmensch. Die Form vergeht, aber der Geist bleibt und verkörpert sich wieder. So finden wir in den

Gesetzen im Kleinen eine Analogie zu den Gesetzen des Weltalls. In unserer eigenen Seele finden wir ein Weltall im Kleinen. Darin können wir die Weltgeschichte studieren, wenn wir uns selber kennenlernen möchten.

Gedanken wollen sich auch von außen zu uns hereindrängen, kommen von anderen Menschen auf uns zu und suchen sich bei uns festzusetzen. Sie haben die Eigenschaft, dass sie da angezogen werden, wo ein günstiger Boden für sie ist.

Den in ihrer Nähe empfänglichen Gemütern hängen sie sich an und beeinflussen sie. Daher kommt es auch, dass in jeder Nation, in jeder Stadt, ja in jedem Haus eine bestimmte Gedankenrichtung vorherrscht, die diejenigen Menschen mit sich reißt, die psychisch schwach sind und nicht selbstständig denken können. In jeder Stadt herrscht wieder ein anderer Geist. In der einen tritt vielleicht die Verdorbenheit besonders stark hervor, in einer anderen die Intoleranz, wieder wo anders die Gemütlichkeit, der Geiz oder die Klatschsucht, usw., von welchen Eigenschaften dann ein jeder Bürger ein bisschen hat. In einer Familie herrscht diese, in der anderen jene Gewohnheit. Das Mitglied einer Familie, das geistig sehr reif und edel ist, während die anderen die Heuchelei und Hinterlistigkeit in sich herumtragen, wird immer Gefahr laufen, in diese niedere Gedankenrichtung hinabgezogen zu werden, es werden in ihm ähnliche Gedanken auftauchen, er wird geistig angesteckt, wenn er nicht in sich fest ist.

So ist es auch umgekehrt. Wer in einer edlen reinen Umgebung lebt, in dem werden sich reine Absichten und Ideen kundgeben, wenn er für sie empfänglich ist. Aber ein starker idealer Charakter wird von sich selbst aus auf seine ganze Umgebung eine reinigende Wirkung ausüben und an ihm gleitet alles Niedere, das auf ihn eindringt, herab.

Erst aber ein geistig Wiedergeborener oder ein wahrer Mystiker wirkt auf die Gedankenatmosphäre einer ganzen Stadt. Er steht geistig vereinzelt da wie ein funkelnder Stern. Die Meister, die geistig die ganze Gedankenatmosphäre der Erde überblicken, finden sofort jeden, der solcherweise über das Alltagsleben hinausragt. Von ihm geht ein großes Licht aus. Ein Meister der Weisheit oder Gottmensch aber wirkt durch seine Gedankenmacht auf die ganze Menschheit, und er tut dies mit vollem Bewusstsein und mit bestimmten göttlichen Absichten.

Jede Nation hat auch ihre eigene geistige Färbung, ihre farbige Brille, durch die jeder sehen muss. Alles, was er betrachtet, nimmt die Färbung dieser Gedankenbrille an, und er sieht die Sachlage nicht, wie sie ist. Er beurteilt die andere Nation nicht, wie sie in Wirklichkeit ist. Der Engländer lacht über den Deutschen und der Deutsche über den Engländer, der Europäer über den Chinesen, und der Chinese über den Europäer, aber alle irren sie sich natürlich, weil sie nicht absolut neutral international denken können. Sehr starke Gedanken und Absichten wirken sogar auf große Entfernungen. Wenn in einem Musikinstrument sein Ton angeschlagen wird, so klingen gleich gestimmte Töne mit. Ähnlich ist es mit Gedankenschwingungen der Seele, nur in einem viel größerem Umfange. Sie wirken auf gleich gestimmte Seelen ein und mancher Verbrecher ist nur das Opfer von im Geheimen geplanten Attentaten.

Viele Verbrecher wussten nicht, was sie taten. Sie wurden deshalb oft auf Geistesgestörtheit geprüft und als unzurechnungsfähig betrachtet. Tatsache ist auch, dass zu manchen Zeiten wahre Mordepidemien entstehen, worauf es einige Zeit lang wieder ruhig wird. Die Hauptursache derselben beruht auf seelischer Ansteckung durch Gedankenmächte. Die Hinrichtung der Mörder ist also keine wirkliche Abhilfe für die Welt, wenn das Gedanken- und Gemütsleben nicht gebessert wird. Dies könnte nur geschehen durch die Verbreitung einer höheren Weltanschauung, was gerade die theosophische Bewegung bezwecken will. Die Nichterkenntnis ist ja das Grundübel, woraus alle sozialen wie persönlichen Missstände entspringen.

Aber nicht nur böse und teuflische Gedanken werden in die Welt hinausgeschickt und suchen ihre Opfer, sondern auch gute und edle. Und wer für dieselben empfänglich ist, in dem werden sie auftauchen und ihn stärken. Ja, die Hauptbeschäftigung der Meister und Adepten, der Vollkommenen, ist die, dass sie fortwährend Ströme göttlicher Gedanken über die Menschheit aussenden, und wer selber nach göttlicher Erkenntnis trachtet, der macht sich für sie empfänglich. Sie tun ununterbrochen Gutes. Aber auch jeder andere Mensch kann allein dadurch schon viel Gutes tun, dass er Gutes denkt.

Mit den Gedanken ist es eine ganz wunderbare Sache. Sie bauen nämlich auch den Körper des Menschen auf und der Körper ist daher der Ausdruck der Gedanken.

Wenn sich ein Mensch auf Erden verkörpert, so drückt sich der Charakter und seine Seeleneigenschaft dem Körper auf und wenn der Mensch erwachsen ist, so kann man ihm, wenn man darin geübt ist, seinen Charakter aus den Gesichtszügen, aus Größe, Form und Bau des Körpers ablesen.

Der Körper ist der Ausdruck der Seele. Dies stimmt auch mit dem Karma, oder dem Gesetz der ausgleichenden Gerechtigkeit vollständig überein, wonach die Gedanken und Absichten, die ein Mensch in einem früheren Leben ins Werk setzte, sich an ihm selbst verwirklichen.

Und wenn ein Mensch als Krüppel zur Welt kommt, so kommt dies vielleicht daher, dass er in einem früheren Leben die göttliche Gabe eines normalen Körpers missbraucht und gesschändet oder andere verspottet hat. Sogar das Geschlecht eines Menschen wird nur durch seine Seeleneigenschaft bestimmt und kommt durch die Geburt zum Ausdruck. So kann ein Mensch durch mehrere Inkarnationen hindurch männliche und weibliche Seeleneigenschaften geäußert haben.

Der Charakter und die Weltanschauung des Menschen baut aber den Körper nicht nur auf, sondern verändert ihn fortwährend. Es ist eine bekannte Tatsache, dass sich der menschliche Körper jedes Mal in sieben Jahren vollständig erneuert, d. h., die äußerst kleinsten Stoffteilchen des materiellen Körpers werden fortwährend abgesondert und an deren Stelle neue gesetzt, sodass in sieben Jahren der ganze Prozess vollendet ist und der menschliche Körper sich nach und nach ganz unmerklich erneuert hat.

Aber wodurch werden die winzigen Teilchen der Materie geleitet, dahin zu gehen, wo sie gerade sollen? Nur durch das Seelenleben des Menschen durch seine Gedankenrichtung. Die Teilchen würden allerdings auch ohne Gedankenrichtung den Körper aufbauen, aber das, was die äußere Form des Menschen von andern unterscheidet, die Physiognomie usw., wird nur durch die Seele bestimmt und durch die Geistesrichtung geregelt.

Diejenigen Geschöpfe, die noch kein geistiges Leben besitzen, die nicht denken, bei denen ist auch keine Intelligenz abzulesen. — Beim Menschen geschieht der ganze Aufbau und die Umgestaltung seines Körpers nach seiner Gedankenrichtung, weil Gedanken eine suggestive oder hypnotische Kraft besitzen. Da also der Körper durch die Gedanken aufgebaut und geleitet, verbessert und verschlechtert werden, schön oder hässlich gemacht werden kann, so ist es sehr wichtig, dass wir auf das achthaben, wag wir denken. Wer dies weiß, der wird versuchen, seine Gedanken zu beherrschen, und nur harmonische, schöne, edle und gesunde Gedanken denken, und er wird die Folgen an sich selber erleben. Er wird im Laufe einer Zeit selbst gesund, fröhlich und glücklich werden.

Wie die Gedanken auf den Körper wirken, können wir sehen, wenn wir einen Menschen betrachten, der längere Zeit in Verhältnisse gerät, wo er aus seinen alten Gewohnheiten aufgerüttelt wird und eine ganz neue Gedankenrichtung beginnen muss. Dies geschieht hauptsächlich über die Zeit des Militärdienstes oder wenn jemand einige Zeit im Auslande lebte oder wenn jemand aus einem sorgenlosen Leben in Verhältnisse kommt, wo er anders denken und rechnen muss, oder umgekehrt, oder wenn sich ein Mensch eine andere Weltanschauung aneignet. Sn solchen Fällen ist oft sehr deutlich eine große Veränderung in Körperform, Charakterzug und Kopfform zu bemerken, und einem Soldaten kann man oft sehr leicht ansehen, ob er im ersten oder zweiten Jahre seines Militärdienstes steht.

Aber auch auf Gesundheit und Krankheit wirken die Gedanken ein, sogar auf Schmerzen. Es ist bekannt, dass Leute, welche Furcht vor Erkältungen haben, sich gerne erkälten; es ist bekannt, dass Leute-, die sich lange Zeit Krankheit einbilden, krank werden, es ist bekannt, dass Schmerz plötzlich aufhört, wenn der Mensch über etwas erschrickt oder erstaunt, weil alle Gedanken des Schmerzes in diesem Momente verdrängt werden.

Aber ebenso ist es auch möglich, dass es ein Mensch soweit bringt, dass er jederzeit Gedanken des Schmerzes von sich weisen kann. Und ebenso ist es auch möglich, dass ein Mensch gesund wird, wenn er sich fortwährend Gesundheit einbildet. Aber dies ist dann nicht nur Einbildung, sondern Wahrheit. Der eigentliche Mensch ist nie krank, er leidet nie Schmerz, ist nie unglücklich und stirbt nie. Er ist göttlich und steht über den Gedanken und Empfindungen.

Jeder, der sich über die Schwankungen des Gedankenlebens erheben kann, kann sich über Krankheit und Schmerz erheben, was beim gewöhnlichen Menschen nur momentweise geschehen kann, während des Schreckens und Erstaunens. Verschiedene Mystiker und Märtyrer der vergangenen Zeiten haben in dieser Fähigkeit aber eine sehr hohe Stufe erreicht.

Aber auch jeder Mensch kann durch Regelung und Beherrschung seiner Gedanken auf sein ganzes Schicksal einwirken, es verbessern. Dies kann besonders geübt werden, Um die vollständige Selbstbeherrschung zu erlangen, und diese Übung nennt man Gedankenkonzentration oder Sammlung. Sie besteht darin, dass der Mensch fortwährend zu jeder Zeit, bei allem, was er tut, seine Gedanken kontrolliert, und keinem Gedanken Zutritt gewährt, den er nicht haben will. Hat er dies erreicht, dann sieht er in sich ein neues höheres Bewusstsein heraufdämmern, worin vollständige Gedankenstille und göttlicher Frieden herrscht, in den er sich jederzeit zurückziehen kann und den er jederzeit in sich herumträgt.

Es ist der Friede, der über der Gedankentätigkeit und über der irdischen Vernunft steht. Es ist das Erwachen des göttlichen Bewusstseins im Menschen, welcher Vorgang in der Bibel die geistige Wiedergeburt genannt wird. Und daraus entspringen dann geistige Wahrnehmung, geistige Kräfte und geistige Erkenntnisse.

In dem Buch der goldenen Lehren heißt es: »Deine Gedanken sind die Schlächter des Göttlichen in dir, du musst die Gedanken töten«, aber dies ist nicht so leicht, sondern erfordert ausdauernde Übung.

Dies geschieht nicht automatisch, sondern natürlich; ja es kann nur auf natürliche Art gehen. Wenn nämlich ein Mensch fortwährend ein höheres Ideal in sich trägt, sei es z. B. die Liebe zur Wahrheit, so konzentriert er von selbst seine Gedanken darauf, erhebt sich zu diesem Ideal und verwirklicht es.

Daher kommt es auch, dass die Märtyrer durch das intensive Festhalten an ihren Idealen sich über alle Leiden und Schmerzen erhoben haben. Aber dies gelingt jedem, der die Wahrheit oder Gott über alles liebt, er wird ein Weiser, ein Gottmensch, denn in ihm erwacht die Gottheit, welche die Wahrheit ist. Fremde Einflüsse und Gedankenbilder fallen vor ihm nieder wie Mücken vor einem Licht. Er ist selbst das Licht. Erst wenn wir dies erreicht haben, gehören wir, wie die Bibel sagt, zu den Jungfrauen, die Öl in ihrer Lampe haben.

Die Gedanken sind die Ursache von allem. Das, was ein Mensch denkt, wird er. Hegt ein Mensch Mordgedanken, so wird er ein Mörder, hegt er Diebstahlsgedanken, dann wird er ein Dieb, denkt er viel Gutes, so wird er selber gut. Denkt er Wahrheit, dann führt er schließlich selber ein wahres Leben, denkt er Verkehrtheit, dann wird er verkehrt. Denkt er Krankheitsgedanken, dann wird er krank, denkt er Gesundheitsgedanken, dann wird er gesund, denkt er aber ununterbrochen an Gott, tut alles in Harmonie mit dem Allwillen und dem Karmagesetz, dann wird er ein göttlicher Mensch, ein Erleuchteter. Und diese letzteren Gedanken, das Denken an Gott, die Entfaltung des höheren Ich, ist das, was man unter Konzentration oder Meditation versteht. Es ist soviel wie Gebet oder Andacht nur in einem viel höheren Sinne, es ist kein Verlangen oder Bitten und auch keine Schwärmerei.

Meditation im wahrsten Sinne des Wortes heißt: sich seiner Göttlichkeit besinnen. Es mag vielen als unmöglich und absurd erscheinen, immerwährend an ihr höheres Ich zu denken. Und dennoch ist dies eine ganz natürliche Sache. Der Mensch denkt ja auch fortwährend an sein persönliches Ich. Er ist sich den ganzen Tag bewusst, dass er da ist, dass er existiert. Aber nun, jeder Mensch fühlt doch auch mehr oder weniger, dass etwas Höheres in ihm wohnt, welches Höhere er als die

Ursache des geistigen Strebens erkennt. Wenn nun ein Mensch bei allem was er tut, denkt und handelt, jenes Höhere im Auge hat, dann erwacht es immer mehr in ihm und es identifiziert sich schließlich mit ihm selber, er erkennt es als sein eigenes unsterbliches, göttliches Wesen.

Dann wird aber sein vergängliches Persönlichkeitsbewusstsein immer mehr in den Hintergrund treten, bis es schließlich ganz ausgerottet wird, d. h., bis es in dem höherem aufgebt. Dieses wird der mystische Tod genannt, weil es ein Tod bei Lebzeiten ist.

Dies erreicht man nicht durch Untätigkeit, sondern indem man an Stelle des Niederen etwas Höheres setzt. Dieser mystische Tod wird in der Bibel genannt: das Sterben in Christo. Und die Buddhisten nennen es Nirvana d. h., Erloschensein. Das persönliche Selbst samt seinem Gefolge, Schmerz, Unglück, Nichterkenntnis, Schwachheit, Selbstsucht ist dann aus dem Bewusstsein ausgerottet. Natürlich Bewusstsein muss erhalten bleiben, nur der Wahn des Sonderseins stirbt. In manchen Schriften werden auch besondere Gedankenübungen zur Erweckung geistiger Kräfte vorgeschrieben, die regelmäßig wiederholt und eingeprägt werden müssen, was besonders für Leidende und Nervöse von Nutzen sein mag. In dem Buch: »Die Bemeisterung des Schicksals« von Dr. Braun finden wir derartige Anleitungen. Man könnte daraus folgende Gedankenübung kombinieren: »Das wahre Wesen des Menschen ist göttlich. Es ist aus

Gott entsprungen und kann deshalb nicht leiden. Da ich dies erkenne, so brauche ich an den Leiden des Körpers nicht mehr teilzunehmen.

Alles Leid existiert nur in einem falschen Glauben, es ist eine Folge meiner früheren Überzeugung, dass der wahre Mensch krank oder mangelhaft sein könne. Alles Leid entsprang aus der falschen Überzeugung, dass ich von einem Körper abhänge. Mein tiefstes und wirklichstes Selbst ist das Gesetz oder Gott.

Ich will nun das sein, was ich zu sein von mir fordere, ich bin wiedergeboren. Ich bin ein neuer Mensch«. Dies ist nun ein vollständiger neuer Gedankengang und wer ihn vollständig in sich ausnimmt, in dem wird eine große Umwandlung stattfinden, denn der Körper ist der Ausdruck der Überzengung des Menschen.

Aber allein schon dadurch, dass sich ein Mensch ernstlich und mit Ausdauer mit dem Studium höherer Dinge befasst, nimmt er einen neuen Gedankengang an, der günstig auf körperliche und seelische Gesundheit und Harmonie einwirkt, wenn es der Betreffende auch nicht weiß und nicht glaubt, aber nach einiger Zeit selbst in sich merken wird, wenn er auf vergangene Zeiten zurückschaut.

Die Gedankenkontrolle sollte auch beim Lesen von Schriften eingehalten werden, besonders bei theosophischer Literatur. Anfangs scheint einem dieselbe etwas schwer verdaulich zu sein und man empfindet unter Umständen einen Widerwillen dagegen, weil es einem schwer fällt, seine Gedanken so daran zu konzentrieren, dass man den Inhalt versteht; oder man geht über Abschnitte hinweg, ohne sie verstanden zu haben.

Aber gerade diese Bücher sollten sehr bedachtsam und langsam gelesen werden, ehe man darüber urteilt. Es handelt sich nicht darum, viel Theosophie zu studieren, sondern das, was man liest, — gründlich. Das Studium erbaulicher Schriften ist eine vorzügliche Methode der Gedankenübung die nicht nachteilig ist, den Menschen nicht aufregt oder ihm schlaflose Nächte bringt, sondern ihn verinnerlicht, zu sich selber einkehren lässt, geistig erhebt und körperlich gesund macht.

Dies ist der Anfang einer bewussten Ausübung der Macht der Gedanken, die Hinführung auf den Pfad zur Entwicklung der menschlichen Seelenkräfte.

Das Geheimnis des geistigen Erfolgs

Die Übung der Toleranz oder Duldsamkeit ist eine Vorschule zur okkulten Entwicklung und eine Vorstufe des okkulten Pfades.

Bis hierher war die Toleranz eine Eigenschaft. Jetzt soll sie zu einer Kraft werden; und zwar zu einer magischen.

Das Prinzip der Toleranz, das die theosophischen Lehren zum Grundsatz haben, hat somit nicht nur einen sozialen äußeren Wert in Bezug auf den Fortschritt und die Geistesfreiheit der Menschen, sondern bringt auch einen enormen inneren Fortschritt hervor bei jedem Einzelnen, der dieses Prinzip (der Duldsamkeit) richtig in sich hineinarbeitet und aus sich herausstrahlt.

Wahre Toleranz führt zur Entwicklung einer okkulten Macht, sie führt auf den Weg der weißen Magie.

Sich magisch *entwickeln* hängt mit *Dulden* zusammen, denn es bedeutet soviel als eine höhere Macht in sich wirken lassen, sie in sich *dulden*.

Diese Duldung muss aber dann zu einer positiven Duldung geworden sein, nicht nur eine Art

Lässigkeit, denn dies führt zur Mediumschaft, sondern zu einer Art Hingebung an diese höhere Macht, eine Erhebung zu derselben unter Verlassen und Vergessen des eigenen beschränkten Selbst.

Wir müssen bedenken: die höheren Willenskräfte im Weltall sind überall. Sie sind schon fertig da, sie brauchen nur ein Organ, durch welches sie sich äußern können, der Mensch soll sich also nicht einbilden, dass er je die höheren magischen Kräfte verfertigen oder auf irgendeine Weise produzieren könne; nein, er kann sich nur zu einem Organ der göttlichen Kräfte machen, oder vielmehr: er kann nur einwilligen, dass die Allkraft im Raum sich aus ihm ein Organ zu ihrer Offenbarung bereitet und entwickelt.

Wir haben also hier wieder das Resultat: es bedarf nur der Einwilligung des Menschen, der Duldung, aber allerdings der positiven Duldung, welche die Hinneigung ist. Es ist dies eine ganz besondere Geistesverfassung, die hier gemeint ist, und die hier nötig ist; sie ist schwer zu verstehen.

In den Mysterien der Alten und auch in allen möglichen religiösen Mythen finden wir dieses Verhalten der Seele dem Verständnis des Schülers näher gebracht durch ein Gleichnis, das sicher als das treffendste zu nennen ist.

Diese Seelenverfassung ist nämlich verglichen mit dem Verhalten des *Weiblichen* in der Natur zu dem anregenden *Männlichen*; es ist nicht nur passiv, sondern positiv passiv. Erwartung ist das richtige Wort zur Bezeichnung dieses Verhaltens. In der christlichen Mystik ist es Maria, die das Gemüt des Menschen darstellt (Manas). Es erwartet den Strahl von Atma-Buddhi oder den göttlichen Strahl, den Christos.

Der Ausdruck *Braut Christi*, den wir bei verschiedenen Mystikern des Mittelalters finden für Seelen, die sich dem höheren Leben geweiht haben, hatte dieselbe Bedeutung.

Manas ist im Vergleich zu Atma-Buddhi immer weiblich zu nehmen (wohl nicht so misszuverstehen, als ob Manas differenziert wäre, denn auf diesen Ebenen gibt es keine Geschlechtsunterschiede; übrigens der wirkliche Unterschied von weiblich und männlich ist zu sehen in der Polarisation, und diese ist überall, sogar auf der göttlichen Ebene. Geschlechtsunterschiede sind nur der Ausdruck des Gesetzes der Polarisation. In der Mystik wurde verständnishalber das Passive, Erwartende, Gestaltungsfähige, Erleuchtungsfähige usw., immer das Weibliche genannt).

Nun wieder zurück zu unserem Thema: Positive Toleranz ist es, was der okkulte Schüler üben muss und dies ist mit anderen Worten: Liebe, das ewig Weibliche in Goethes Faust: „Das ewig Weibliche (in uns) zieht uns hinan."

Der Schüler muss in Liebe sich ergeben in das göttliche Wollen seiner höheren Natur, dann wird auch die Kraft derselben in ihm Raum gewinnen.

Diese Kraft wird in ihm wachsen und er wird durch sie zum Beherrscher der ganzen Welt. Er wird aber nicht herrschen durch seinen Eigenwillen, sondern eben durch Liebe! Er wird nicht siegen durch Unduldsamkeit, sondern durch Toleranz.

Wer dieses Gesetz kennt und versteht, der schreitet rasch weiter, bewegt sich gefahrlos durch alle astralen Einflüsse hindurch und löst sich auf eine staunenerregende Weise aus den unlösbar scheinenden Schlingen seines Karma los.

Wohl dem, der das Prinzip der Toleranz achtet bei seinem okkulten Fortschritt. Die bösen astralen Mächte, die Elementals, von denen sich manche verfolgt glauben, werden nicht durch Hass, sondern durch Liebe überwunden. Hass verstärkt nur den Gegensatz, denn wo der Hass ist, ist auch Furcht, und Furcht schwächt, Liebe dagegen hebt den Gegensatz auf; Liebe oder Duldsamkeit wandelt um.

Es gibt nämlich auch einen Sieg durch Nachgeben. Wenn Liebe und Duldsamkeit groß genug sind, so überwältigt dies jeden Feind, ja die richtige Anwendung der Toleranz gibt Macht über die ganze Astralwelt, welche Macht sogar auf die physische Welt, die ganze Natur ausgedehnt werden kann.

Die Lösung des Rätsels aller Überwindung liegt darin, dass man vermittelst der Allliebe lernt, das Feindliche als einen Teil von sich selbst zu fühlen; dadurch verliert dieses seinen schädlichen

Charakter, löst sich entweder auf (schwingt aus), oder wandelt sich um.

Dies tut es deshalb, weil es, wie alles in der Welt, dem großen Gesetz: *Gleiches zieht Gleiches an* folgen muss. Das Böse wird vom Bösen verfolgt, das Gute vom Guten; aber das Produkt der beiden Gleichnamigen gleicht immer ihrer eigenen Natur; Hass zieht den Hass an, das Produkt ist Zerstörung. Wer aber nur Liebe und Duldsamkeit ausstrahlt, der wird erhalten bleiben, der wird leben, der wird siegen. Das Böse, das auf ihn eindringt, wird sich entweder selbst in Gut umwandeln müssen, indem es als das, was es ist, freiwillig stirbt, oder es wird abfallen, es wird fliehen, weil es keine Wahlverwandtschaft findet. Wer hasst, der zerstört und wird selbst zerstört; wer liebt, der erhält, er wandelt um und wird selbst umgewandelt. Bei einem Kampf, der etwa zwischen einem schwarzen und weißen Magier stattfinden würde, wird der weiße Magier dann siegen, wenn seine Liebe und Verzeihung groß genug ist. Jeder Makel und jede geringste Missgunst, die er noch in sich aufkommen lässt, ist eine verwundbare Stelle. (Hier zu erinnern an Siegfrieds Lindenblatt.)

Bei dieser Art der Überwindung des Bösen, bei der man wie vorhin empfohlen, das Feindliche als einen Teil von sich selbst fühlen soll (aufgrund der Wesenseinheit aller Dinge), ist jedoch nötig, dass man sich von sich selbst unterscheidet; d. h., man muss das niedere und das höhere Selbst in sich unterscheiden lernen; aber nicht nur unterscheiden, sondern auch wirklich scheiden lernen. Dies geschieht einfach, indem man das höhere Selbst in sich wirken lässt (wiederum durch Duldung).

Man erhebt sich dadurch selbst in die höhere Welt, in der die Wesenseinheit aller Dinge als eine Tatsache gefühlt und erkannt wird. Dann ist man sozusagen *über Wasser*, man befindet sich über der Region der Gegensätze, des Feindlichen und Zerstörenden; man befindet sich in der Welt der Harmonie und der Einheit. Man wird dann alles anscheinend Böse furchtlos an sich herankommen lassen, es kann einem keinen Schäden bringen, sondern es wird sich umwandeln.

Von diesem Bewusstseinszustand geht eine solche Macht aus, dass sie selbst in die Welt der Gegensätze hereinreicht und hereinwirkt, dass sie z. B. den physischen Körper des Menschen beeinflussen kann, wodurch Krankheit, Alter und selbst der Tod überwunden werden kann. Heilung von Krankheit durch Autosuggestion oder durch den *Glauben* ist eine kleine Andeutung dieser Macht.

Auf etwas anderes muss nun bei Überwindung des Bösen durch Toleranz noch Rücksprache genommen werden. Es ist Furchtlosigkeit notwendig; man muss imstande sein, das Böse an sich herankommen zu lassen.

Dies ist nicht anders möglich, denn der Kampf wird ja hier nicht außer uns, sondern in uns selbst gefochten; dies ist aber auch selbstverständlich, denn wenn man, wie vorhin gesagt, das Feindliche der Wesenseinheit noch als einen Teil von sich selbst empfinden soll, so verträgt sich dies Verhalten nicht mit dem Begriff *parieren, fernhalten,* denn dadurch gelangt man sofort wieder in die Welt der Getrenntheit und unterliegt früher oder später.

Diejenigen Menschen, die ängstlich alles etwaig Schädliche-Feindliche, Nachteilige, Böse fernzuhalten suchen, und bei allem Fremdartigen besorgt sind, *dass nur ja nichts schadet*, leben sehr in der Welt der Zweiheit, der Gegensätze, und werden früher oder später unterliegen oder irgend Misserfolg haben.

Diese Tatsache zeigt sich sogar in ganz äußerlichen Dingen im alltäglichen Leben, z. B. wer sich sehr vor Erkältungen fürchtet und fortwährend auf der Hut ist, dass er nicht von einem Luftzug überrascht wird, der wird sicher jedem geringsten Lüftchen zum Opfer fallen und sich auch wirklich erkälten.

Wer dagegen mit den Elementen Frieden schließt, sich ihren Einflüssen anpasst, dem passen sie sich an bezw. dienen ihm, er wird oder bleibt gesund. Das was wir Abhärtung, Gewohnheit nennen, ist also auch ein Resultat des Toleranzprinzipes, der Kraftgewinnung durch Ergebung, der Erhaltung durch Aufhebung des Widerstandes.

Die richtige Anwendung der Naturheilweise, der Gesundung durch Licht, Luft, Wasser, Sonne, Wärme, Magnetismus usw. liegt nicht darin, dass man diese Elemente mechanisch auf sich wirken lässt; auch das sichert den Erfolg nicht immer, dass man sich ihnen freiwillig aussetzt, sondern einzig das, dass man sie angenehm findet, dass man ihre Einflüsse mit dem Willen unterstützt in der Wirkung. Dies geschieht durch jenes Verhalten, das nicht nur kein Widerstand, sondern eher eine Hinneigung ist — Erwartung.

Wer z. B. bei einem Sonnenbad imstande ist, die Einwirkung der Sonne nicht nur zu empfangen, sondern auch zu befördern, der gestaltet ihren Magnetismus und ihre chemischen Ätherbestandteile, usw., die in ihren Strahlen enthalten sind, in Lebensmaterial um.

Er zieht im wahrsten Sinn des Wortes aus der Sonne Leben und Gesundheit. Dies tun die Tiere instinktiv, wenn sie an der Sonne sitzen, sie *meditieren* über der Sonne.

Welch außerordentliche Bedeutung es andererseits für die Gesundheit hat, wenn man den nackten Körper dem natürlichen Gewitterregen aussetzt[1)] ist noch wenig bekannt, wird aber durch unsere Idee vom Toleranzprinzip verständlicher.

Der Regen selbst ist hierbei aber gar nicht die Hauptsache, sondern die Empfindung ist es; ebenso wie die angenehm erwärmenden Sonnenstrahlen die Geschöpfe gewissermaßen einladen, sich empfindungsbedacht von ihnen durchdringen zu lassen,

---

1) Nicht zu verwechseln mit Kneipps Güssen.

und sich in Leben umwandeln, falls der eigne Lebenswille mitschwingt, ebenso bezwecken die auf die Haut gespritzten Regentropfen eine gewisse elektrische Empfänglichkeit, die bereit macht, die beim Gewitter besonders stark auftretende atmosphärische Elektrizität in sich aufzunehmen, woraus Kraft und Gesundheit entspringt.

Hierbei ist aber wiederum diese Elektrizität nicht der wichtigste Faktor, sondern die Empfindung, die Mitempfindung und dadurch Eröffnung für die Kraft, hauptsächlich Umwandlung derselben; denn Assimilierung ist hier gleichbedeutend mit Umwandlung (atmosphärische Luft *einatmen* ist ja auch nur möglich durch die Fähigkeit, sie umzuwandeln).

Es kommt also nicht auf den jeweiligen Einfluss, auf das Element, auf die Einwirkung an, sondern auf das, was man aus ihm macht in sich durch Mitschwingung (Umwandlung durch Toleranz).

So sehen wir: Sonnenschein und Regen würden für des Menschen Gesunderhaltung bestimmt ausreichend sein (gleichwie dies auch für das Tier genügt), wenn er mit diesen Elementen richtig umzugehen wüsste, wenn er sich ihnen gegenüber richtig zu verhalten wüsste.

Das Mitgehen, das Mitschwingen, das Mitschwimmen mit dem, was an einen herantritt, ist das, was erhält, harmonisiert und Leben verlängert. Das Sträuben, das ängstliche sich schützen, das

Verharren ist das, was stört, Leben verkürzt und zum Untergang führt.

Jede freiwillige Veränderung der Empfindung im Sinne von Anpassung gebärt neue Kraft, verlängert und erhält; dagegen jedes zwangsweise Verharren in der Empfindung, als Schutz vor Unbequemlichkeit bringt Erstarrung, Verkrustung und Tod. —

Wer in ungesunden Landstrichen zu reisen hat, kommt am besten durch, wenn er sich genau den Lebensgewohnheiten der Eingeborenen des betreffenden Landes anpasst; nicht nur in Bezug auf Diät, sondern auch Kleidung, Medikamente usw. Ein ganz besonderer Faktor für die Erlangung des sogenannten Lebenselixiers ist die Beachtung des Gesetzes: Zyklus.

Hierher gehört auch die Tatsache, dass diejenigen Früchte und essbaren Naturprodukte am zuträglichsten sind, die zu der ihr eigenen Jahreszeit (Reifezeit) genossen werden.

Jedoch viel tiefer liegende Dinge sind es natürlich, die in Bezug auf *Lebenselixier* in Betracht kommen; wir haben ja hier nur von Naturheilweise gesprochen.

Aber wir haben gefunden, dass die richtige Naturheilweise auf einen sehr tiefen Grund gebaut ist, es ist nicht nur Naturheilung, was hier in Betracht kommt, sondern auch Kunst des Lebens.

Nun wieder zurück zur Toleranz.

Die homöopathische Heilweise ist in noch höherem Maße auf dem Prinzip der Toleranz aufgebaut,[1] sie heilt Ähnliches mit Ähnlichem. Sie heilt eine Krankheit durch ein Mittel, das sonst gerade diese oder eine ähnliche Krankheit erzeugt, wenn es in starker Dosis einem gesunden Menschen gegeben wird. Im ersteren Falle aber heilt es die Krankheit, weil das Mittel gewissermaßen den den Organismus regierenden Lebenswillen zwingt, sich in die Krankheit zu ergeben bezw. die Anstrengung des Organismus zu unterstützen; dadurch schwingt die Krankheit aus. Dazu genügt dann aber schon lediglich eine ganz feine absolut unschädliche Verdünnung des betr. Mittels.

Die Allopathie dagegen wirkt positiv gegen die Krankheit! Dadurch entsteht nur ein gefährlicher Kampf im Organismus, der oft viel ruiniert und wobei doch nichts gebessert wird. Die Allopathie stellt eine intolerante Heilweise dar, daher auch die Bezeichnung einiger ihrer Mittel: Antifebrin (gegen Fieber), Antipyrin (gegen Feuer, Fieber), Antiseptica (gegen Fäulnis), Antiphlogistica (gegen Entzündungen), Antispasmodica (gegen Krämpfe).

Der Mensch von heute ist überhaupt voller Antidot, d. i. voller Gegengift, ganz dem Kama-Manas, (dem niederen Verstandesbewusstsein)

---

1) Obwohl zugegeben werden muss, dass die Naturheilmethode als solche an erster Stelle steht, denn sie ist zugleich Ernährung, Reform, Reinigung. Sicher ist aber für unsere gegenwärtige naturentfremdete Generation die Homöopathie wirksamer.

entsprechend. Mit diesem *Anti* hängt aber untrennbar auch die Furcht zusammen, ja gerade hieraus entsteht die Furcht, da der Mensch eben in der Welt des. Gegensatzempfindens lebt, er wittert von überall her das Böse. Unser Zeitalter ist faktisch von der Königin der Furcht beherrscht, sie umklammert unsern Planeten wie ein Drache der Finsternis.

Wir haben Furcht vor Bazillen, Furcht vor Krankheit, Furcht vor Ansteckung, Furcht vor den Menschen, Furcht vor Armut, Not, Alter, vor Tod, Hölle, Teufel, ja selbst Furcht vor Gott. Wir fürchten uns vor uns selbst, vor unserem Schicksal, vor der Zukunft.

Wir kämpfen gegen all diese Dinge; ein ganzes Leben lang kämpfen wir, aber ohne Erfolg. Wir werden nie Herr werden, selbst über das geringste dieser Dinge, solange wir uns im Sinne eines Gegensatzes dazu verhalten. Unsere ganze Nation kämpft, sie steht unter dem Zeichen des *Antidot*, ohne zu wissen, dass sie nur Kräfte verschwendet, und sie ist sich nicht bewusst, was ihr gerade für wertvolle Schätze dadurch verloren gehen, und was ihr alles außerdem dadurch entzogen wird.

Das geheimnisvolle Lebenselixier der Alten bestand im richtigen Verhalten allen Dingen gegenüber, dadurch gewannen sie alle Dinge und die Kraft, die alle Dinge verbindet und beherrscht.

Der Stein der Weisen bestand in nichts anderem als in der Erkenntnis der Einheit aller Dinge und in dem Besitz der daraus entspringenden Unverletzlichkeit. Der sogenannte Alkahest der Alchimisten, der als Universalauflösungsmittel beschrieben wurde, bedeutete in höherem Sinne die Kraft der Unbefangenheit und Toleranz, die, wenn magisch gesteigert, alle Dinge löst, und verwandelt.

Die Macht der Liebe, wovon die Religionen alle sprechen und behaupten, dass sie die Welt beherrsche, und dass sie höher stehe als das Wissen, ist auch nichts anderes als die Bewusstseinsverschmelzung mit der Seele der Welt, ohne Ausschluss selbst des geringsten Wesens. Es steht höher als das Wissen, weil es eben in sich selbst alles Wissen schon birgt und das Verstehen der Welt hervorbringt.

Der Mensch kann alles bezwingen, wenn er seinen Gegensatzwillen umkehrt und seinen eingebildeten Wahn, dass er gemäß seines niederen Erkenntnisvermögens etwas Wesentliches vollbringen könne, aufgibt.

So wird Krankheit verschwinden, je mehr er es fertigbringt, sich mit der Ursache (als Kraft), .die die Krankheit hervorbringt, zu identifizieren. Gesundheit ist verhältnismäßig leicht zu bewahren, indem man die bösartig scheinenden Einflüsse tolerant behandelt, d. h. sie unbefangen an sich herankommen lässt und sie als gut zu empfinden sich zwingt.

Der Kampf ist immer mit uns selbst, mit unserem Empfinden und Denken. Hierin liegt das

Rätsel der Überwindung von allem, von Tod und Leben, von Welt und Natur. „In uns selbst ist das Schlachtfeld“ (Bhagavad Gita).

Und weiter: Armut und Not können nicht andauern bei dem, der sich ganz in sein Schicksal fügt, denn dieses schwingt dadurch aus.

Der Zustand des Alters kann nicht eintreten, wenn ein Mensch schon vorher ein Weiser wird, ehe ihn die Zeit dazu zwingt. Auch die Spuren des Alters werden an ihm vorübergehen, wenn er selber zu der Kraft wird, die den Körper gestaltet. Und selbst die Macht des Todes kann (wenigstens für den ätherischen Teil seines Körpers) gebrochen werden für einen Menschen, der gegen den Tod tolerant ist, d. h. der sich nicht gegen den Tod sträubt, sondern ihn bei Lebzeiten schon an sich herantreten lässt. („Stirb, ehe du tot bist“ heißt eine Regel der mohammedanischen Derwische).

Dies ist dann der mystische Tod, wobei der physische Körper ausgeschieden wird, anstatt umgekehrt, wie es beim gewöhnlichen Sterben der Fall ist (wo der Astralkörper ausgeschieden wird, weil der physische Leib ihn nicht mehr halten kann).

So wird denn der Mensch nicht nur den Tod bezwingen durch Toleranz, sondern selbst den Teufel, d. h. das verkörperte Böse. Denn er erkennt es überall, wo es auftritt, als ein bloßes Spiegelbild des Guten, als seinem Wesen nach gut, und so verliert es kraft dieser Erkenntnis seinen bösen

Charakter (Stachel). Die Hölle fürchtet der Weise nicht, er kennt eine solche nur als einen Bewusstseinszustand, in den er aber nie eintritt, und wozu ihn auch niemand zwingen kann, selbst er selber nicht, infolge seiner umfassenden Erkenntnis.

Aber auch die Gottheit fürchtet ein solcher Mensch selbstverständlich nicht, denn er empfindet sie nicht als ein außerhalb seiner selbst befindliches Wesen, das ihn leben und sterben lässt, ihn in den Himmel oder eventl. in die Hölle kommen lässt, sondern als die Kraft und das Wesen, in dem er selber lebt, er erkennt in sich den Schöpfer der Welt.

Zur vollständigen Gotteserkenntnis ist allerdings die größte Toleranz nötig, die Duldsamkeit muss hier vollkommen sein, sodass das eigene Selbst ganz verschwindet.

Das Gegensatz- und Getrenntheitsbewusstsein muss hier gänzlich aufgehoben sein; hierzu ist nur der Adept fähig, der in Nirwana eingeht. Vollkommen tolerant ist also nur der Adept; vollkommene Toleranz ist nur auf der Nirwanaebene möglich. Hier ist Toleranz die Gottheit selbst. Das Nirwanaleben ist Gottes Leben.

Aber jeder Mensch kann jetzt schon die Segnungen der Toleranz empfinden. Wer Toleranz im Wesen begreift und ihr Wesen in Fleisch und Blut aufgenommen hat, der wird durch sie sowohl sein körperliches als auch seelisches Leben beherrschen lernen. Er wird von jedem Zwange frei und braucht sich nur noch in dem Maße körperlichen und seelischen Lebensbedingungen zu unterwerfen, als solche zur Vollführung seiner irdischen Laufbahn knapp notwendig sind. Viele Dinge fallen weg, die man bisher für unbedingt zum Leben notwendig erachtet. So wird z. B., das Schlafbedürfnis und der Nahrungszwang vermindert.

Überhaupt, was bisher Zwang war, geschieht mehr aus freiem Willen. Es gibt einen gewissen Schlafzwang[1)], Essens-zwang[2)], usw., der einen bisher überfiel, und den man jetzt aber überwindet, indem man die Astralformen, die solches hervorriefen, durch die Kraft der Toleranz, wie oben geschildert, umwandelt.

Dann wird man nur sehr wenig den körperlichen Bedürfnissen Rechnung tragen brauchen. Was hier erreicht werden kann, ist viel, es deckt sich mit dem, was die „Chelaschaft" mit sich bringt.

Einzig durch innerliche Verarbeitung und innere Verwirklichung der Toleranz-Kraft wird auch das entwickelt, was man *höhere Sinne* nennt. Man wird nämlich zunächst lernen, die Dinge der Außenwelt anders auf sich einwirken zu lassen, als bisher.

---

1) Für die Überwindung des Schlafzwanges gilt die Formel: Schlaf plus Schlaf! d. h., wer es, anstatt sich der Ruhe zu enthalten, vermag, das, was mit dem Körper während der Ruhe vorgeht (Erneuerung der Kräfte und Ausspannung) mit seinem Willen sogar zu unterstützen, der wird in zehn Minuten eine Stärkung erfahren, die ihm eine Stunde Schlaf ersparen kann.
2) Wer vermag das Bestreben des Organismus: Nährstoffe aufzusaugen, zu unterstützen (anstatt durch erzwungenes Fasten zu vereiteln), der wird viel eher fasten können als ein anderer, denn er vermag das, was der Organismus benötigt, aus weniger Stoffen zu ziehen.

Wenn man bisher einen Gegenstand betrachtete, so war man nur auf das aufmerksam, was den äußeren Sinnen entgegenkam (Form, Farbe, Geruch usw.) Man stellte sich also mit dem Ding in Gegensatz, daher das Wort *Gegenstand.*

Man hält also das betreffende Ding künstlich von sich getrennt, nimmt aber gerade dadurch nicht das Ding selbst wahr, sondern nur die Erscheinung, das, was nicht das Ding ist, die Maske. Daran schuld ist wiederum, wie schon oft erwähnt, nur die Empfindung, die man einem Dinge gegenüber hat und diese ist immer relativ beschränkt: denn die Dinge sind uns entweder angenehm oder unangenehm, oder gleichgültig.

Das, was darüber steht, das von dem eigentlichen Wesen des Dinges kommt, kennt man nicht, weil man von seiner eigenen Empfindung getragen wird.

Das Angenehme oder Unangenehme dieser äußeren Eigenschaften der Dinge (Form, Farbe usw.) kommt also eigentlich nur von uns. Es ist also eine gewisse Intoleranz, die uns das wirkliche Ding (das Ding an sich) fernhält und die höheren Sinne blind macht.

Betrachten wir z. B. eine Rose, so können wir entzückt sein von ihrer schönen Form, Farbe, ihrem Geruch usw. Aber gerade dieses Verhalten fesselt und trennt uns von der wirklichen Rose. Wir werden infolge des Gegensatzempfindens von den Eindrücken ihrer äußeren Wesenheit getroffen. (Ein-

Druck) und werden dadurch blind für das innere Wesen, indem wir uns von der Form berücken lassen.

Von nun an müssen wir die Rose anders betrachten lernen. Wir müssen uns auf das Leben der Rose konzentrieren, nicht bei der Form stehen bleiben oder haltmachen. Wir müssen gewissermaßen hinter die Rose sehen, sodass die Eindrücke der Form uns nicht mehr treffen, kurz, wir müssen uns mit der Rose selbst identifizieren. Dadurch werden wir erreichen, dass bei dieser Art der Betrachtung die äußere Form der Rose zu etwas gänzlich Unwesentlichem zusammenschmilzt, währenddessen in uns höhere Sinne in Kraft treten. Etwas Neues wird vor der Seele auftauchen und das Alte wird zu einem bloßen Schatten.

Das *hinter die Rose sehen* ist schwer zu beschreiben; als eine (zwar nicht ganz zutreffende) Analogie mag folgendes gelten: man denke sich vor einer Fensterscheibe stehend, hinter welcher sich eine Landschaft ausbreitet. Man kann nun dabei zweierlei beobachten, je nachdem, worauf man seine Aufmerksamkeit lenkt. Erstens kann man die Fensterscheibe selbst betrachten; hierbei bemerkt man die kleinen Pünktchen oder Bläschen im Glas, auch die Farbe und den etwaigen Schmutz. Je genauer man dies nun betrachtet, desto weniger wird man von der Landschaft, die dahinter ist, etwas wahrnehmen; sie ist nebelhaft, verschwommen. Zweitens ist das umgekehrt möglich; man kann nämlich, während man sein *Augenmerk* auf die Szenerie draußen richtet, die Fensterscheibe nahezu verschwinden lassen für das Auge, sie wird zu einem Schatten, der das Auge nicht interessiert. Dies nur als Beispiel, wie geübt werden soll. Es ist aber empfehlenswert, dass man die Übungen nicht nur mit dem Angenehmen, sondern auch mit dem *Unangenehmen* vornimmt; nicht nur mit der Rose, sondern eventuell auch mit der Kröte, denn sowohl Liebe (Sonderneigung) als auch Hass und Verachtung (Sonderabneigung) ist Illusion und Intoleranz und muss überwunden werden durch Konzentrierung auf die Wesenseinheit aller Dinge. (Segnende Liebe).

Wir sehen also auch hier, bei Entwicklung der höheren Sinne ist es das Toleranzprinzip, um das sich alles dreht, von dessen Verwirklichung im Menschen alles abhängt — alle wahre Macht und alles wahre Wissen. Unsere gegenwärtige Generation muss das Wesen der Toleranz wieder kennenlernen. Dies wird gegenwärtig indirekt versucht durch verschiedenerlei Reformbestrebungen. Die theosophische Bewegung versucht dies direkt. Ihr Grundsatz bezüglich der Toleranz hat nicht nur einen äußeren sozialen Wert, sondern auch einen inneren für jeden Einzelnen; er führt zu einer okkulten Macht.

Wie schon oft erwähnt, ist diese Toleranz eine gewisse Unbefangenheit, eine Bereitschaft, dem Fremden und Neuartigen gegenüber. Es hat also mit Reform etwas gemein, der man sich unterwirft, Reformbereitschaft im abstrakten Sinn, innere Reform, Veränderung der Gemütsverfassung. Tatsächlich: auch alle äußeren Reformbestrebungen appellieren an das Prinzip der Toleranz, denn sie führen das Motto, die Aufforderung, sich für etwas Neues herbeizulassen, sich etwas bis jetzt Fremdem, Ungewohntem zu erschließen.

Konservatismus hängt immer mit Intoleranz zusammen. Auch in dieser Beziehung wird der Okkultist immer freier und toleranter werden. Nehmen wir doch ruhig das Neue an, selbst wenn wir im Alten die Wahrheit erkannt haben. Wir sollen ja in diesem Falle das Alte allerdings festhalten.

Aber sträuben wir uns immerhin nicht gegen das Neue, wir gewinnen ja nur, wenn wir die Wahrheit auch im neuen Gewände erkennen; denn jede Reform ist nur Veränderung der Form. Also unser Bestreben sei: den guten Kern in allem zu suchen, zu sehen.

Wir wachsen aber dann über die Form hinaus und werden nicht mehr von ihr verletzt, denn wir können uns in jede Form schicken, wir können die Wahrheit, die wir erkannt haben, in jeder Form zum Ausdruck bringen (neue Religionen, Weltanschauungen).

Und gerade dadurch wird es uns möglich, die Wahrheit, die wir in einer bestimmten Form erkannten, noch tiefer und dauernder zu erfassen. Wir sehen also auch hier dasselbe Gesetz von der Duldsamkeit. Das Mitgehen mit dem Strom der Entwicklung, die Reform stärkt und verlängert die

Existenz des Alten, sei es eine Art, eine Rasse, eine Weltanschauung, eine Religion, eine Staatsverfassung, ein Organismus, ein Körper, ein Zellenstaat usw. Jede Veränderung, die ein Ding, ein Wesen, eine Einrichtung oder dergl. durchmachen kann, verlängert ihr Leben.

Kreislauf ist das Gesetz alles Lebens. Zögern und Sträuben bringt unbedingt Anprall, Zusammenstoß, und dieses tötet, nützt die Kräfte ab. Sind wir bereit, das Neue, Fremdartige uns entgegentreten zu lassen, so verändert sich Anprall in Revolution (Umkreisung), wir treten selbst in die Mitte der Dinge und werden deren Beherrscher. Wir werden unberührt, unverändert, unbeschädigt, wir haben das Leben.

Toleranz führt zur höchsten Kraft.

Indem wir imstande sind, alles Neue, Fremdartige, eventuell Böse furchtlos an uns herantreten zu lassen, führen wir es in ein gewisses Vakuum (leerer Raum) ein, woraus es unverzüglich wieder seine umgekehrte (zentrifugale) Laufbahn antreten muss, d. h. sich umwandelt oder flieht. Die Kometen und Planeten streben der Sonne zu; letztere stellt ihnen aber kein Hindernis entgegen, ja, indem sie sich sogar überholen lässt, wird ein Anprall verhindert und die wegstrebende Richtung seitens der Eindringlinge eingeschlagen, die Bahn verwandelt sich in eine Ellipse oder Kreis.

So auch der Mensch. Habe keine Furcht, sondern lasse dich ruhig von allem Fremdartigen, Neuen,

Feindlichen einholen, ja überholen und trete in die Mitte. Bleibe aber dabei Sonne; d. h. sei in deinem höheren Selbst unbeteiligt an allen Veränderungen.